Impressum
Verlag: BABADADA GmbH, Nedderfeld 112 , 22529 Hamburg
Geschäftsführer / Verlagsleitung: Harald Hof
Druck: Books on Demand GmbH, In de Tarpen 42, 22848 Norderstedt

Imprint
Publisher: BABADADA GmbH, Nedderfeld 112 , 22529 Hamburg, Germany
Managing Director / Publishing direction: Harald Hof
Print: Books on Demand GmbH, In de Tarpen 42, 22848 Norderstedt

shule

школа

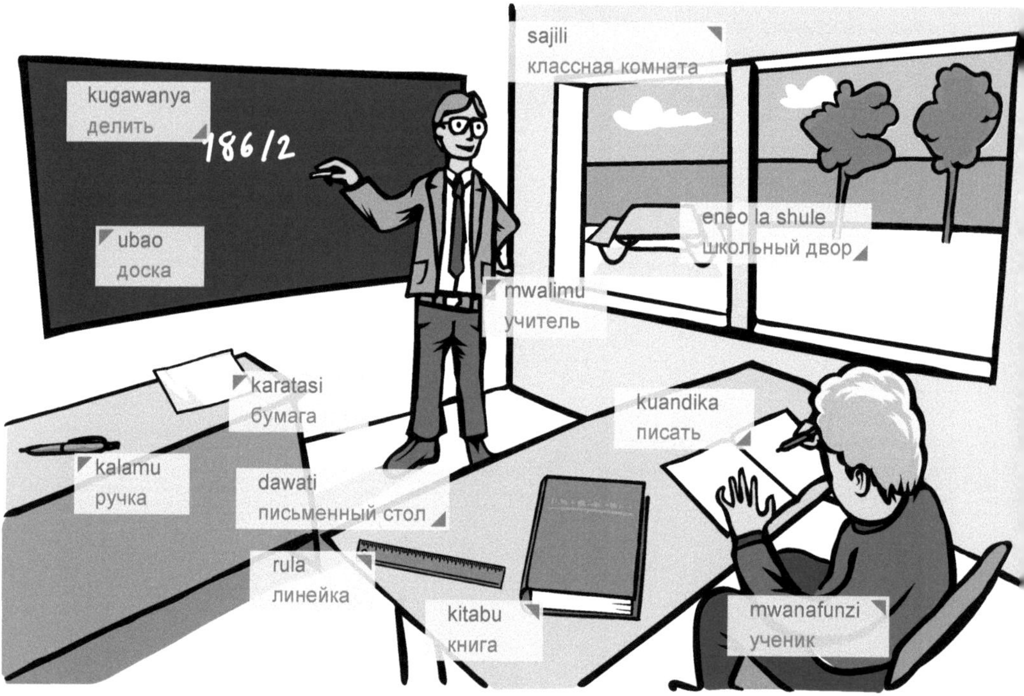
sajili
классная комната
kugawanya
делить
186/2
ubao
доска
eneo la shule
школьный двор
mwalimu
учитель
karatasi
бумага
kuandika
писать
kalamu
ручка
dawati
письменный стол
rula
линейка
kitabu
книга
mwanafunzi
ученик

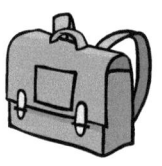

mkoba

ранец

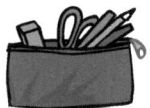

kikasha cha penseli

пенал

penseli

карандаш

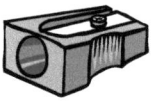

kichonga penseli

точилка

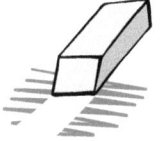

mpira

ластик

pedi ya kuchora

альбом для рисования

uchoraji
рисунок

brashi ya rangi
кисточка

sanduku la rangi
коробка красок

mkasi
ножницы

gundi
клей

daftari
тетрадь

kazi ya nyumbani
домашняя работа

nambari
цифра

jumlisha
прибавлять

ondoa
вычитать

zidisha
умножать

kokotoa
считать

barua
буква

alfabeti
алфавит

neno
слово

maandishi

текст

kusoma

читать

chaki

мел

somo

урок

sajili

классный журнал

uchunguzi

экзамен

cheti

диплом

sare za shule

школьная форма

elimu

образование

elezo

энциклопедия

chuo kikuu

университет

darubini

микроскоп

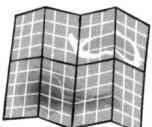

ramani

карта

kikapu cha kuweka karatasi chafu

корзина для бумаг

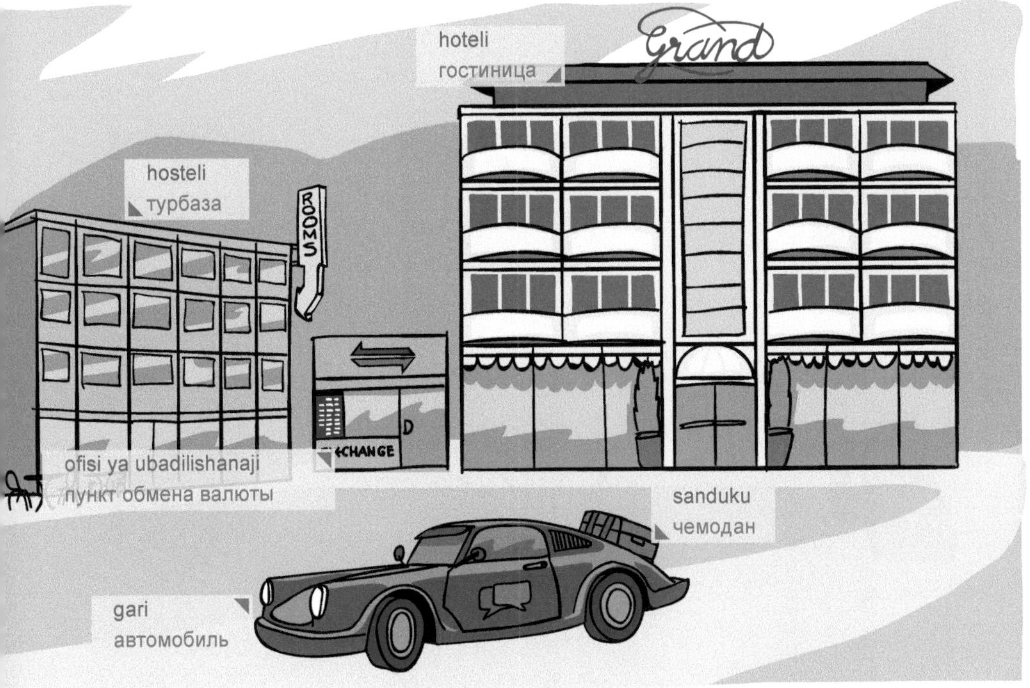

Grand
hoteli
гостиница
hosteli
турбаза
ROOMS
ofisi ya ubadilishanaji
пункт обмена валюты
sanduku
чемодан
gari
автомобиль

lugha

язык

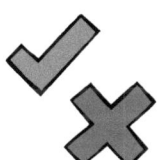

ndiyo / la

да / нет

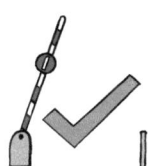

sawa

хорошо

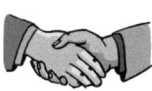

hujambo

Привет

mtafsiri

переводчик

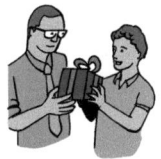

Asante

Спасибо

kiasi gani ni ...?

Сколько стоит...?

Sielewi

Я не понимаю

tatizo

проблема

Jioni njema!

Добрый вечер!

Habari za asubuhi!

Доброе утро!

Usiku mwema!

Доброй ночи!

kwa heri

До свидания

mwelekeo

направление

mizigo

багаж

mfuko

сумка

shanta

рюкзак

mgeni

гость

chumba

комната

begi la kulalia

спальный мешок

hema

палатка

taarifa ya utalii

туристическая информация

ufuo

пляж

kadi

кредитная карточка

kifunguakinywa

завтрак

chakula cha mchana

обед

chakula cha jioni

ужин

tiketi

билет

kuinua

лифт

muhuri

почтовая марка

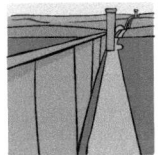

mpaka

граница

mila

таможня

ubalozi

посольство

visa

виза

pasipoti

паспорт

usafiri

транспорт

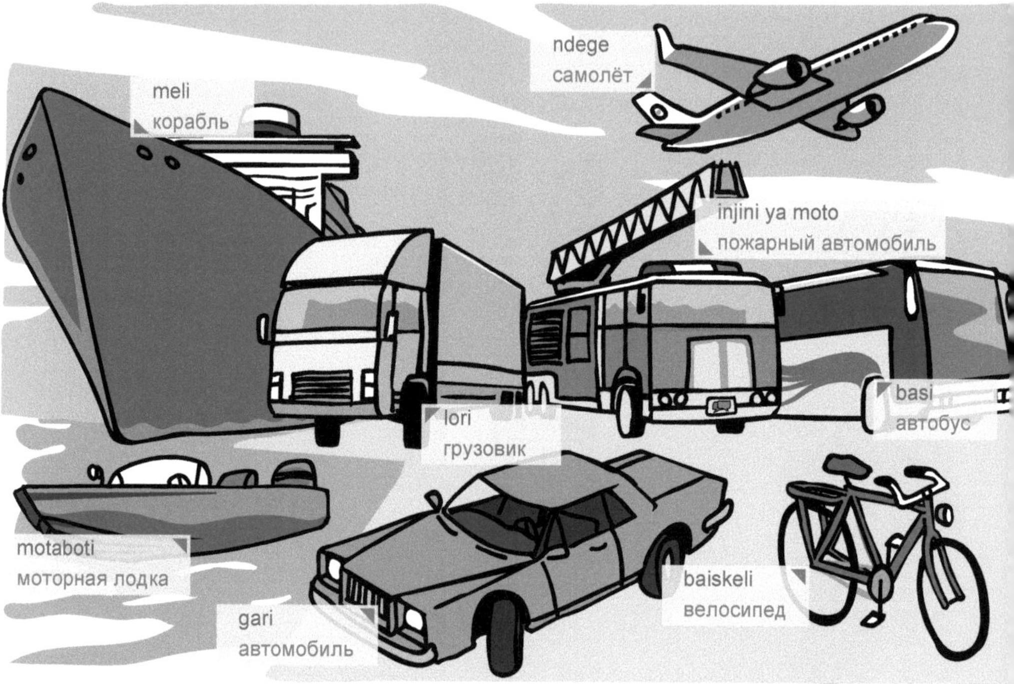
ndege
самолёт
meli
корабль
injini ya moto
пожарный автомобиль
basi
автобус
lori
грузовик
motaboti
моторная лодка
baiskeli
велосипед
gari
автомобиль

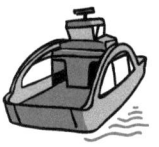

feri

паром

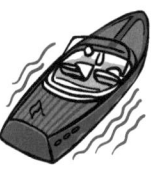

mashua

лодка

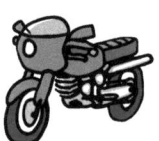

pikipiki

мотоцикл

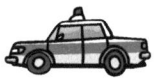

gari la polisi

полицейский автомобиль

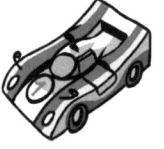

gari la mashindano

гоночный автомобиль

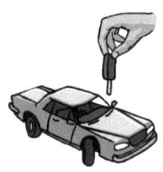

gari la kukodisha

арендованный автомобиль

kushiriki gari

овместное пользование
автомобилями

lori la kuvuta

буксировочный
автомобиль

ukusanyaji taka

мусоровоз

motor

двигатель

mafuta

топливо

kituo cha mafuta

заправка

ishara trafiki

дорожный знак

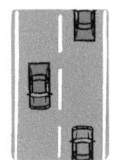

trafiki

движение

msongamano

пробка

maegesho

автостоянка

kituo cha treni

вокзал

reli

рельсы

garimoshi

поезд

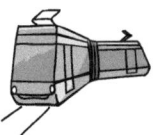

tremu

трамвай

gari la mizigo

вагон

helikopta
вертолёт

uwanja wa ndege
аэропорт

mnara
вышка

abiria
пассажир

chombo
контейнер

katoni
коробка

mkokoteni
тележка

kikapu
корзина

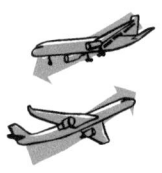

ondoka
взлетать / приземляться

jiji

город

kijiji
деревня

katikati ya jiji
центр города

nyumba
дом

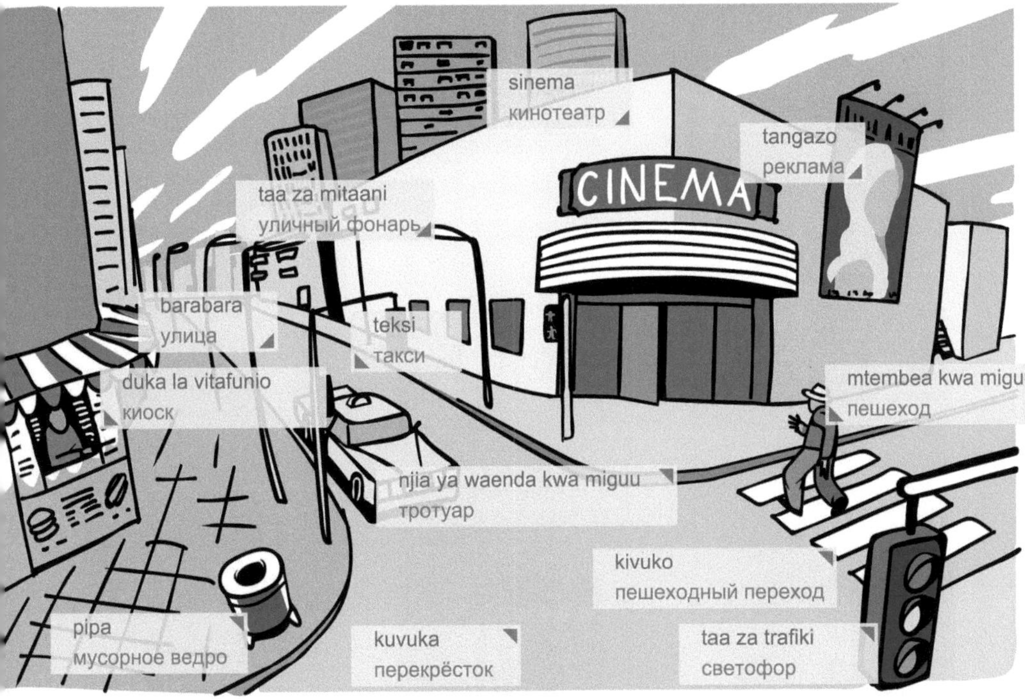
sinema
кинотеатр
tangazo
реклама
CINEMA
taa za mitaani
уличный фонарь
barabara
улица
teksi
такси
duka la vitafunio
киоск
mtembea kwa migu
пешеход
njia ya waenda kwa miguu
тротуар
kivuko
пешеходный переход
pipa
мусорное ведро
kuvuka
перекрёсток
taa za trafiki
светофор

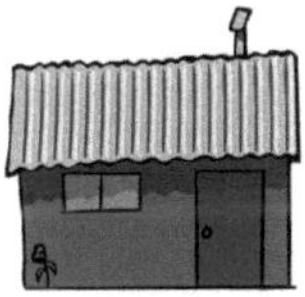

kibanda

хижина

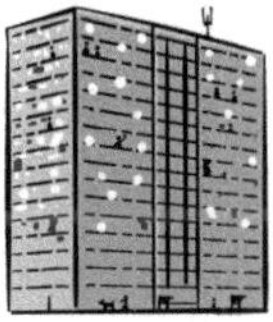

gorofa

квартира

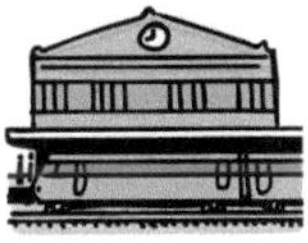

kituo cha treni

вокзал

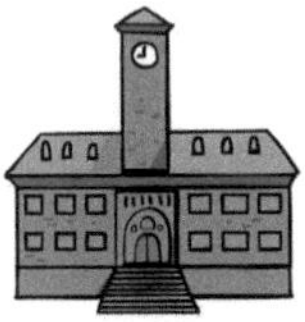

ukumbi wa mji

ратуша

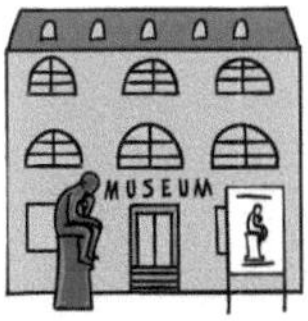
MUSEUM

Makavazi

музей

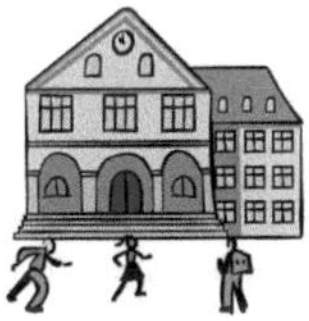

shule

школа

chuo kikuu

университет

benki

банк

hospitali

больница

hoteli

гостиница

duka la dawa

аптека

ofisi

офис

duka la kitabu

книжный магазин

duka

магазин

duka la maua

цветочный магазин

dukakuu

супермаркет

soko

рынок

idara ya kuhifadhi

универмаг

mwuza samaki

торговец рыбой

kituo cha ununuzi

торговый центр

bandari

порт

Hifadhi

парк

benki

скамейка

daraja

мост

vidato

лестница

chini ya ardhi

метро

handaki

тоннель

kituo cha mabasi

автобусная остановка

bar

бар

mgahawa

ресторан

sanduku la posta

почтовый ящик

ishara ya barabara

табличка с названием
улицы

mita ya maegesho

паркометр

bustani ya wanyama

зоопарк

kidimbwi cha kuogelea

бассейн

msikiti

мечеть

shamba
ферма

uchafuzi
загрязнение окружающей среды

makaburini
кладбище

kanisa
церковь

uwanja wa michezo
детская площадка

hekalu
храм

mazingira
ландшафт

jani
лист

ishara ya mwelekeo
дорожный указатель

njia
дорога

malisho
луг

jiwe
камень

mtembeaji wa masafa
путешественник

mti
дерево

mto
река

nyasi
трава

ua
цветок

bonde

долина

kilima

гора

ziwa

озеро

msitu

лес

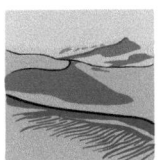

jangwa

пустыня

volkano

вулкан

ngome

замок

upinde wa mvua

радуга

uyoga

гриб

mtende

пальма

mbu

комар

kuruka

муха

chungu

муравей

nyuki

пчела

buibui

паук

mende

жук

chura

лягушка

kuchakuro

белка

nungunungu

еж

sungura

заяц

bundi

сова

ndege

птица

swan

лебедь

nguruwe mwitu

кабан

kulungu

олень

aina ya kongoni

лось

bwawa

плотина

tabo ya upepo

ветряной генератор

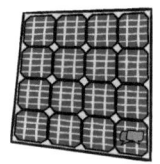

nishaji ya jua

солнечная батарея

hali ya hewa

климат

mgahawa

ресторан

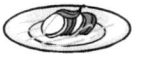

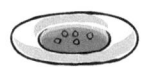

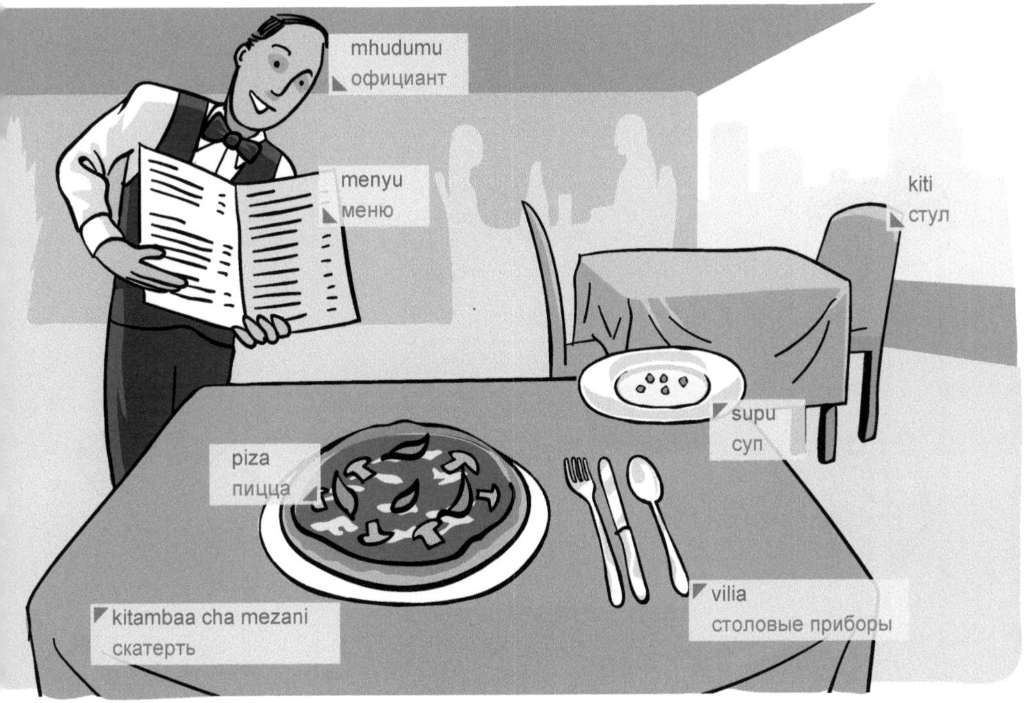
mhudumu
официант
menyu
меню
kiti
стул
supu
суп
piza
пицца
vilia
столовые приборы
kitambaa cha mezani
скатерть

kiamsha hamu

закуска

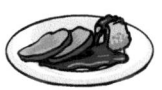

kozi kuu

главное блюдо

kitindamlo

десерт

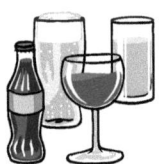

vinywaji

напитки

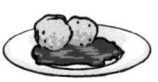

chakula

еда

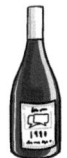

chupa

бутылка

chakula cha haraka

фастфуд

Streetfood

уличная еда

buli

чайник

kisanduku cha sukari

сахарница

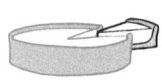

sehemu

порция

mashine ya espresso

кофеварка

kiti kirefu

детский стульчик

muswada

счет

trei

поднос

kisu

нож

uma

вилка

kijiko

ложка

kijiko cha chai

чайная ложка

nepi

салфетка

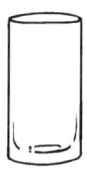

glasi

стакан

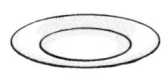

sahani

тарелка

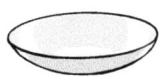

sahani ya supu

суповая тарелка

sufuria

блюдце

mchuzi

соус

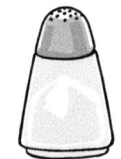

kichanyaji chumvi

солонка

kinu cha pilipili

мельница для перца

siki

уксус

mafuta

масло

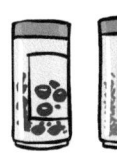

viungo

специи

kechapu

кетчуп

haradali

горчица

kachumbari nzito

майонез

dukakuu

супермаркет

ofa maalum
специальное предложение
FOR
mteja
покупатель
maziwa
молочные продукты
matunda
фрукты
toroli
тележка для покупок

BUTCHERS

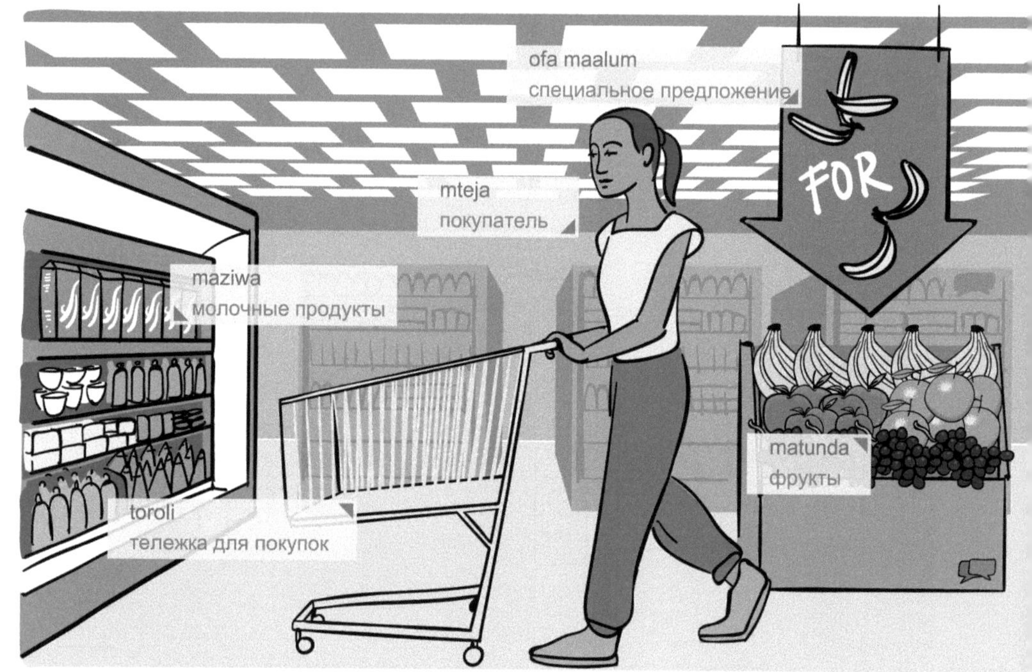

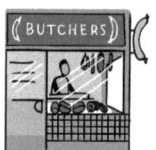

mchinjaji

мясной магазин

BAKERY

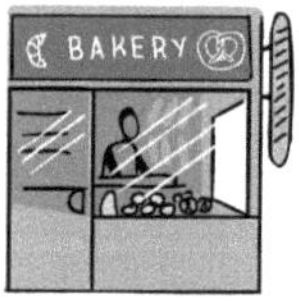

mwokaji

пекарня

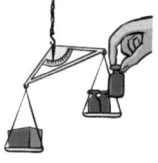

uzito

взвешивать

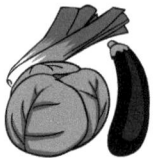

mboga

овощи

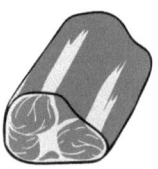

nyama

мясо

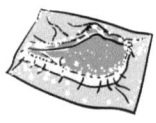

chakula waliohifadhiwa

быстрозамороженные продукты

vipande vya nyama baridi

нарезка

chakula cha kopo

консервы

sabuni ya unga

стиральный порошок

pipi

сладости

bidhaa za kaya

предмет домашнего обихода

bidhaa za kusafisha

моющее средство

mtu mauzo

продавщица

mpaka

касса

keshia

кассир

orodha ya manunuzi

список покупок

masaa ya ufunguzi

время работы

mkoba

бумажник

kadi

кредитная карточка

mfuko

сумка

mfuko wa plastiki

полиэтиленовый пакет

maji

вода

sharubati

сок

maziwa

молоко

coke

кока-кола

mvinyo

вино

bia

пиво

pombe

алкоголь

kakao

какао

chai

чай

kahawa

кофе

spreso

эспрессо

kapuchino

капучино

ndizi

банан

tufaha

яблоко

machungwa

апельсин

tikiti

арбуз

lemon

лимон

karoti

морковь

kitunguu saumu

чеснок

mianzi

бамбук

kitunguu

лук

uyoga

гриб

karanga

орехи

nudo

лапша

spageti

спагетти

mpunga

рис

saladi

салат

vibanzi

картофель фри

viazi vya kukaanga

жареный картофель

piza

пицца

hambaga

гамбургер

sandwichi

сэндвич

kipande

шницель

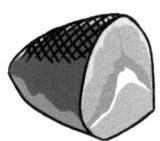

paja la mnyama

ветчина

salami

салями

soseji

колбаса

kuku

курица

choma

жаркое

samaki

рыба

oats ya uji

овсяные хлопья

muesli

мюсли

cornflakes

кукурузные хлопья

unga

мука

kroisanti

круассан

andazi

булочка

mkate

хлеб

mkate wa kubanika

тост

biskuti

печенье

siagi

масло

maziwa mgando

творог

keki

пирог

yai

яйцо

yai kukaanga

яичница

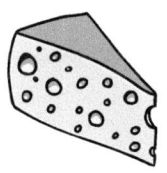

jibini

сыр

aiskrimu

мороженое

sukari

сахар

asali

мёд

jemu

мармелад

kuenea kwa chokoleti

крем с нугой

mchuzi wa viungo

карри

chakula - еда

shamba
ферма

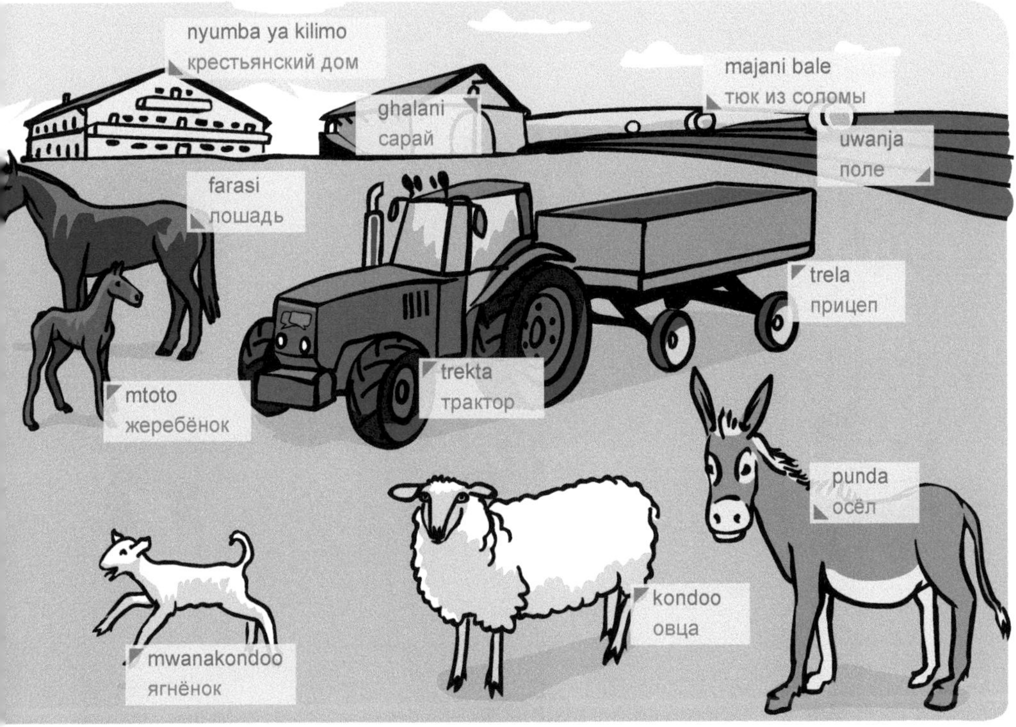
nyumba ya kilimo
крестьянский дом
ghalani
сарай
majani bale
тюк из соломы
uwanja
поле
farasi
лошадь
trela
прицеп
trekta
трактор
mtoto
жеребёнок
punda
осёл
kondoo
овца
mwanakondoo
ягнёнок

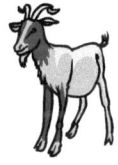

mbuzi
коза

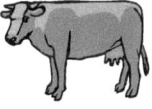

ng'ombe
корова

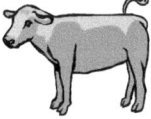

ndama
телёнок

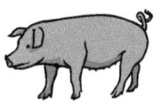

nguruwe
свинья

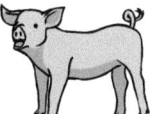

mwananguruwe
поросёнок

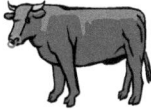

fahali
бык

batabukini

гусь

bata

утка

kifaranga

цыплёнок

kuku

курица

jogoo

петух

panya

крыса

paka

кошка

panya

мышь

ng'ombe

вол

mbwa

собака

nyumba ya mbwa

конура

bomba la bustani

садовый шланг

debe la kumwagilia maji

лейка

fyekeo

коса

kulima

плуг

mundu

серп

jembe

мотыга

uma wa nyasi

навозные вилы

shoka

топор

toroli

тачка

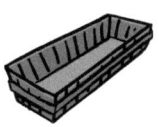

kupitia nyimbo

корыто

chombo cha maziwa

бидон для молока

gunia

мешок

ua

забор

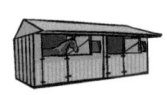

imara

хлев

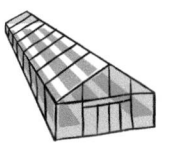

chafu

теплица

udongo

почва

mbegu

посев

mbolea

удобрение

kivunaji

комбайн

mavuno

собирать урожай

mavuno

урожай

viazi vikuu

ямс

ngano

пшеница

soya

соя

viazi

картофель

mahindi

кукуруза

rapa

рапс

mti wa matunda

фруктовое дерево

muhogo

маниок

nafaka

злаки

nyumba

дом

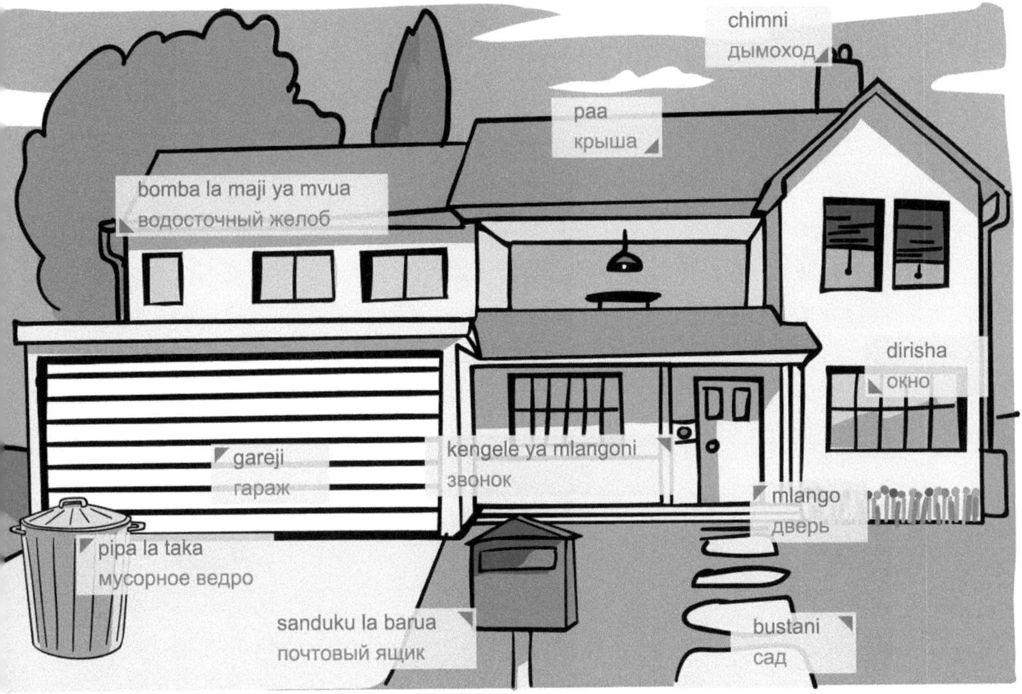

chimni
дымоход
paa
крыша
bomba la maji ya mvua
водосточный желоб
dirisha
окно
gareji
гараж
kengele ya mlangoni
звонок
mlango
дверь
pipa la taka
мусорное ведро
sanduku la barua
почтовый ящик
bustani
сад

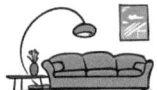

sebuleni

гостиная

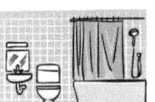

bafu

ванная комната

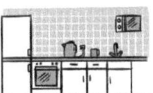

jikoni

кухня

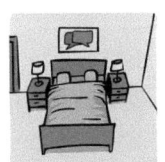

chumba cha kulala

спальня

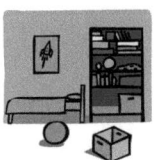

chumba ya mtoto

детская комната

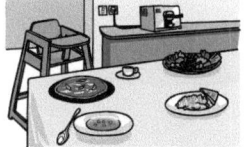

chumba cha kulia

столовая

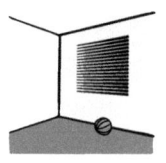

sakafu

пол

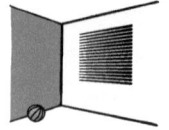

ukuta

стена

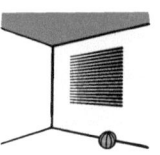

dari

потолок

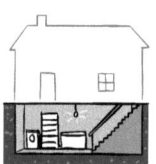

pishi

подвал

sauna

сауна

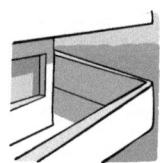

roshani

балкон

mtaro

терраса

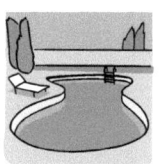

kidimbwi

бассейн

mashine ya kukata nyasi

газонокосилка

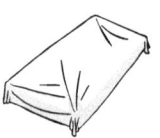

karatasi

пододеяльник

kitambaa cha kupamba
kitanda

покрывало

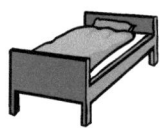

kitanda

кровать

ufagio

метла

ndoo

ведро

kubadili

выключатель

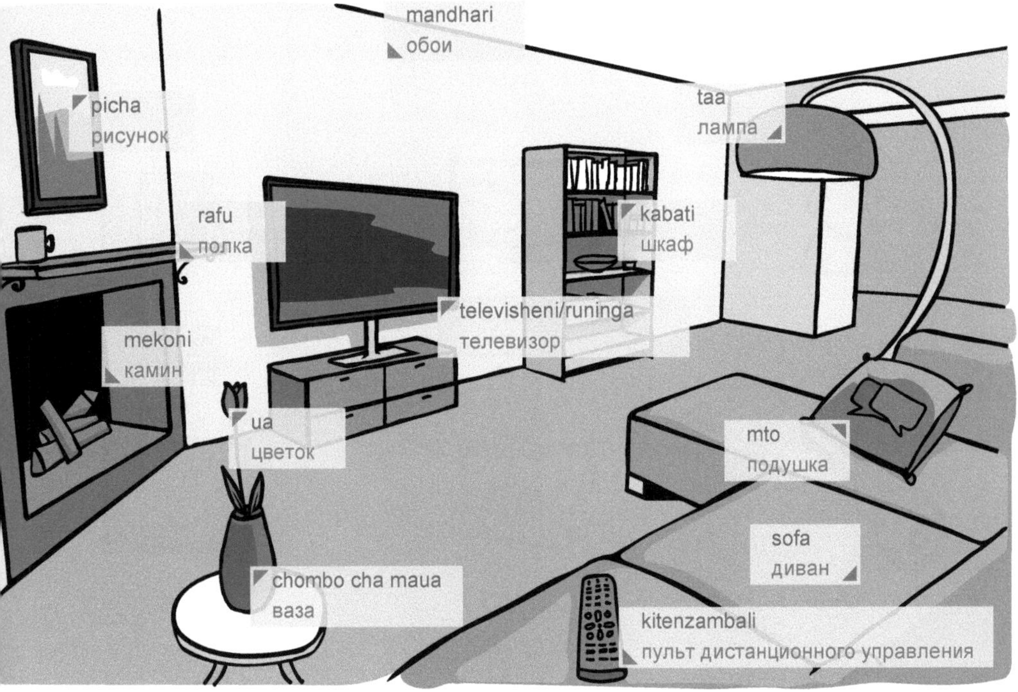

mandhari
обои

picha
рисунок

taa
лампа

rafu
полка

kabati
шкаф

mekoni
камин

televisheni/runinga
телевизор

ua
цветок

mto
подушка

sofa
диван

chombo cha maua
ваза

kitenzambali
пульт дистанционного управления

zulia
ковёр

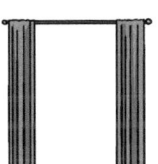

pazia
штора

meza
стол

kiti
стул

kiti cha bembea
кресло-качалка

armchair
кресло

kitabu

книга

blanketi

покрывало

mapambo

украшение

kuni

дрова

filamu

фильм

kifaa cha hi-fi

стереосистема

ufunguo

ключ

gazeti

газета

uchoraji

картина

bango

плакат

redio

радио

daftari

блокнот

kifyonza

пылесос

dungusi kakati

кактус

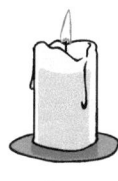

mshumaa

свеча

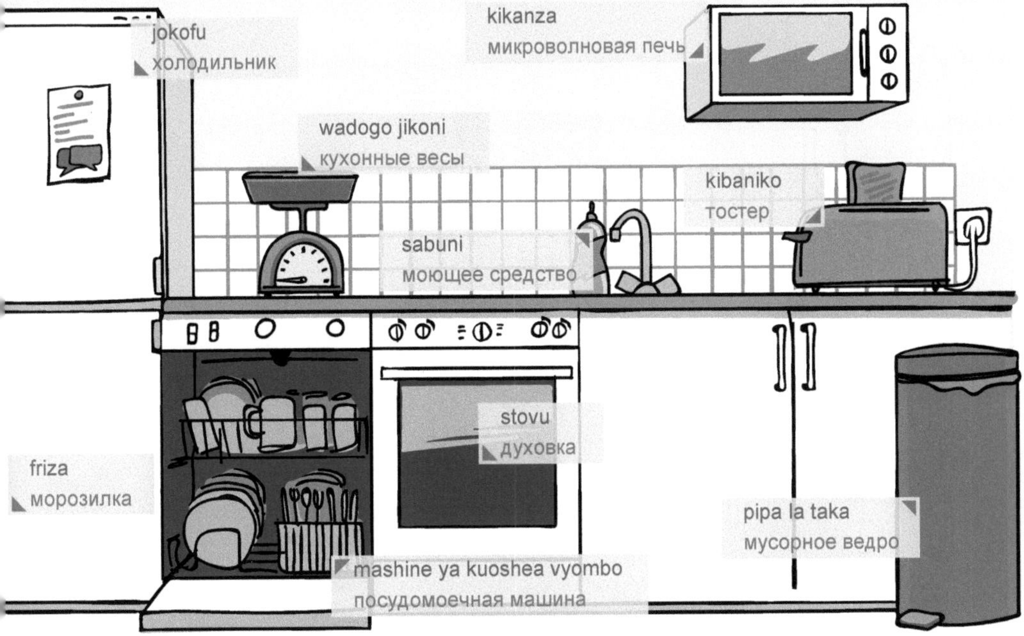

jokofu
холодильник

kikanza
микроволновая печь

wadogo jikoni
кухонные весы

kibaniko
тостер

sabuni
моющее средство

stovu
духовка

friza
морозилка

pipa la taka
мусорное ведро

mashine ya kuoshea vyombo
посудомоечная машина

jiko la kupika

плита

chungu

кастрюля

sufuria ya chuma

чугунный котелок

wok / kadai

вок / кадай

kaango

сковорода

birika

чайник

stima

пароварка

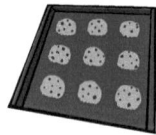

sinia ya kuoka

противень

vyombo vya udongo

посуда

kombe

кружка

bakuli

миска

vijiti vya kulia

палочки для еды

ukawa

половник

mwiko mpana

лопатка

burashi

сбивалка

kichujio

сито

chujio

сито

mbuzi

тёрка

chokaa

ступка

barbeque

гриль

moto wazi

костёр

jikoni - кухня

ubao wa majaribio

доска

kijiti cha kusukuma unga

скалка

kizibuo

штопор

kopo

жестяная банка

inaweza kopo

консервный нож

kishikio cha chungu

прихватка

karo

раковина

brashi

щетка

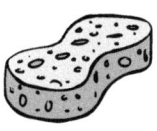

sifongo

губка

kisagaji matunda

миксер

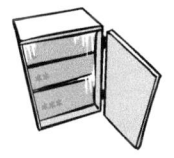

friji ya kina

морозильная камера

chupa ya mtoto

бутылочка для кормления

bomba

кран

bafu

ванная комната

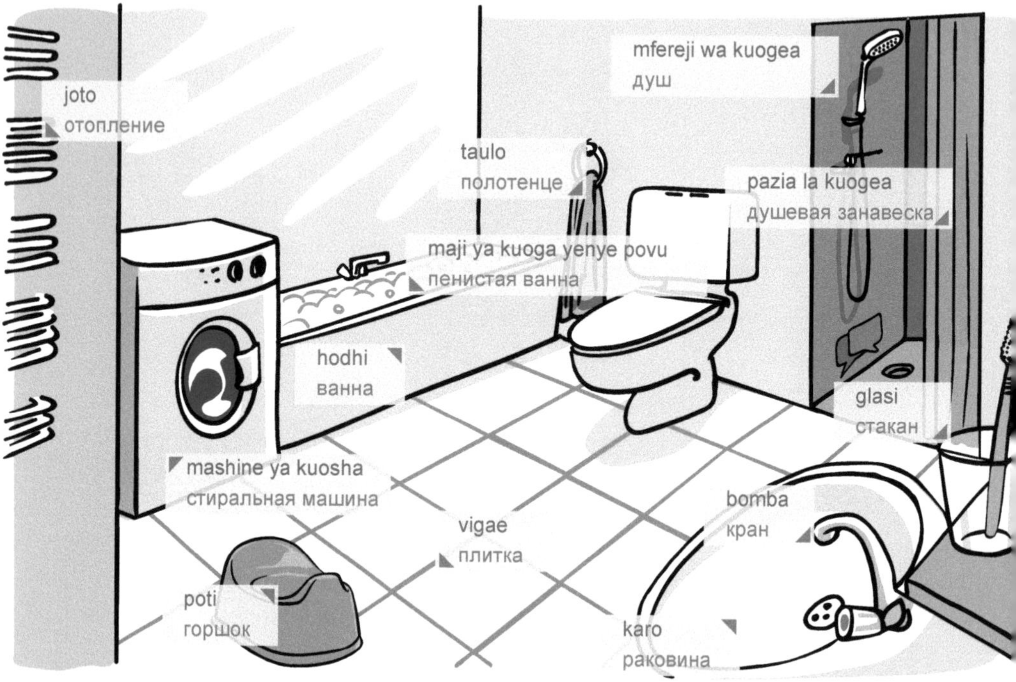

joto
отопление
taulo
полотенце
mfereji wa kuogea
душ
pazia la kuogea
душевая занавеска
maji ya kuoga yenye povu
пенистая ванна
hodhi
ванна
glasi
стакан
mashine ya kuosha
стиральная машина
bomba
кран
vigae
плитка
poti
горшок
karo
раковина

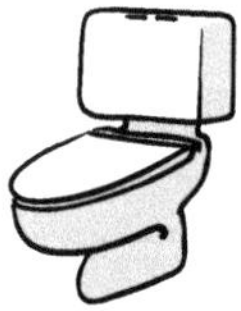

choo
туалет

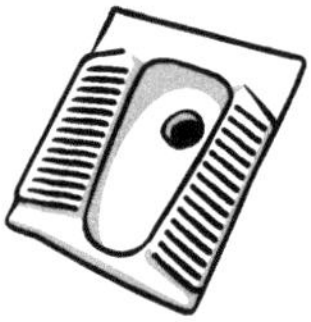

choo cha squat
напольный унитаз

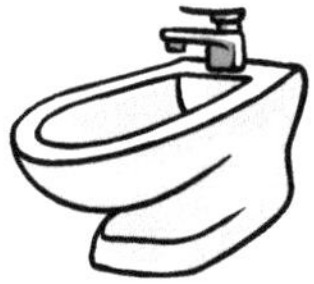

beseni la mviringo
биде

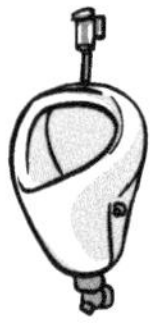

choo cha umma
писсуар

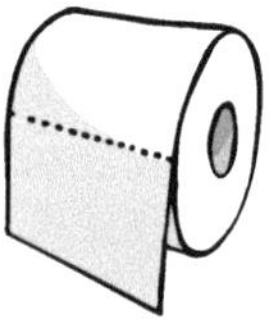

shashi
туалетная бумага

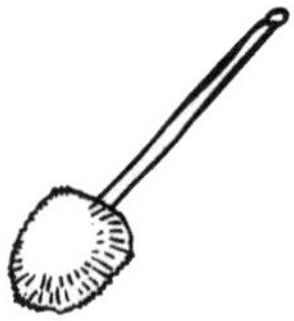

brashi ya choo
ершик

mswaki

зубная щётка

dawa ya meno

зубная паста

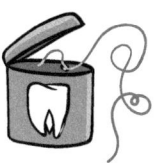

dawa ya meno

зубная нить

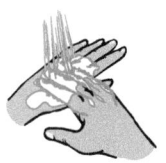

safisha

мыть

kuoga mkono

ручной душ

msukumo wa maji

интимный душ

bonde

таз

mpako wa pili

щётка для спины

sabuni

мыло

jeli ya kuogea

гель для душа

shampuu

шампунь

flana

мочалка

toa maji

сток

krimu

крем

kiondoa harufu

дезодорант

kioo

зеркало

kioo mkono

ручное зеркало

kinyozi

бритва

povu la kunyoa

пена для бритья

baada ya kunyoa

лосьон после бритья

kichana

расческа

brashi

щетка

kikausha nywele

фен

marashi ya nyewele

лак для волос

vipodozi

косметика

kidomwa

губная помада

varnish ya msumari

лак для ногтей

pamba

вата

mkasi wa kucha

маникюрные ножницы

manukato

духи

mkoba wa kuosha

косметичка

kinyesi

табуретка

mizani

весы

nguo ya kuoga

халат

glavu za mpira

резиновые перчатки

kisodo

тампон

sodo

гигиеническая прокладка

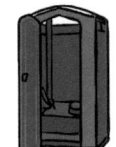

kemikali choo

биотуалет

chumba ya mtoto

детская комната

saa ya kengele
будильник
kidoli cha kupakata
мягкая игрушка
gari bandia
игрушечный автомобиль
kelele
погремушка
chumba cha midoli
кукольный домик
sasa
подарок

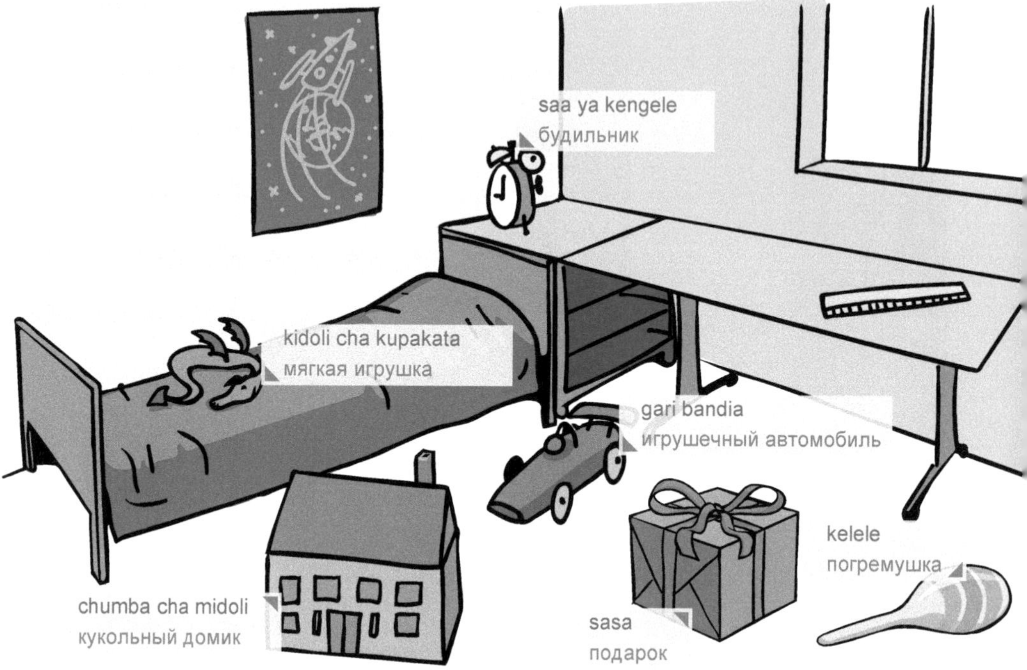

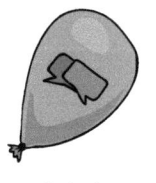

baluni

воздушный шар

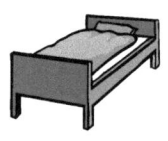

kitanda

кровать

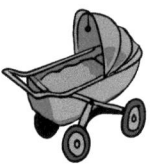

mashua

детская коляска

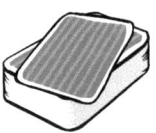

staha ya kadi

карточная игра

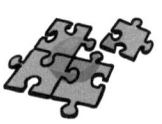

mchezo-fumb

пазл

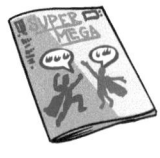

vichekesho

комикс

matofali lego
....
кирпичики Лего

vitalu mwigo
....
кубики

hatua takwimu
....
игрушечная фигурка

suti ya kulalia
....
ползунки

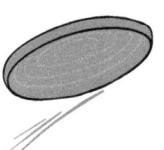

kisahani
....
фрисби

simu
....
мобиле

ubao wa michezo
....
настольная игра

kete
....
кубик

garimoshi mwigo
....
модель железной дороги

dummy
....
соска

chama
....
вечеринка

picha kitabu
....
книга с картинками

mpira
....
мяч

kikaragosi
....
кукла

kucheza
....
играть

shimo la mchanga

песочница

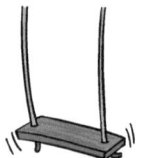

bembea

качели

vitu bandia

игрушка

kiweko cha video ya mchezo

игровая приставка

baiskeli ya magurudumu

трёхколесный велосипед

matatu

mwanasesere

плюшевый медвежонок

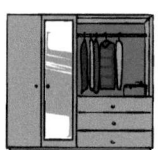

kabati

шкаф для одежды

soksi

носки

stokingi

чулки

kibano

колготки

skafu
шарф

mwavuli
зонтик

fulana
футболка

ukanda
ремень

viatu
сапоги

ndara
тапки

wakufunzi
кроссовки

malapa
сандалии

viatu
ботинки

mabuti ya mpira
резиновые сапоги

suruali ya ndani
трусы

sidiria
бюстгальтер

fulana
майка

nguo - одежда

mwili

боди

suruali

брюки

dangirizi

джинсы

sketi

юбка

blauzi

блузка

shati

рубашка

vuta

свитер

sweta

свитер

bleza

спортивная куртка

jaketi

жакет

koti

пальто

koti la mvua

плащ

maleba

костюм

gauni

платье

mavazi ya harusi

свадебное платье

suti

мужской костюм

vazi la usiku

ночная сорочка

pajama

пижама

sari

сари

skafu

платок

kilemba

тюрбан

burka

паранджа

kaftan

кафтан

abaya

абайя

vazi la kuogelea

купальник

vazi la kiume la kuogelea

плавки

kaptura

шорты

teitei

спортивный костюм

aproni

фартук

glavu

перчатки

kifungo
....
пуговица

glasi
....
очки

bangili
....
браслет

mkufu
....
цепочка

pete
....
кольцо

herini
....
серьга

kofia
....
шапка

kiango cha koti
....
вешалка

kofia
....
шляпа

tai
....
галстук

zipu
....
застежка молния

kofia
....
шлем

kanda za suruali
....
подтяжки

sare za shule
....
школьная форма

sare
....
форма

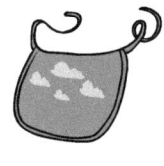

bibu

детский нагрудник

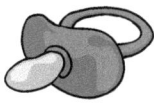

dummy

соска

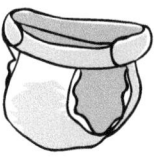

nepi

подгузник

ofisi

офис

seva
сервер
kabati la kuweka faili
канцелярский шкаф
kichapishaji
принтер
karatasi
бумага
kiwambo
монитор
kipanya
мышь
dawati
письменный стол
folda
папка
kibodi
клавиатура
ı cha kuweka karatasi chafu
на для бумаг
kiti
стул
kompyuta
компьютер

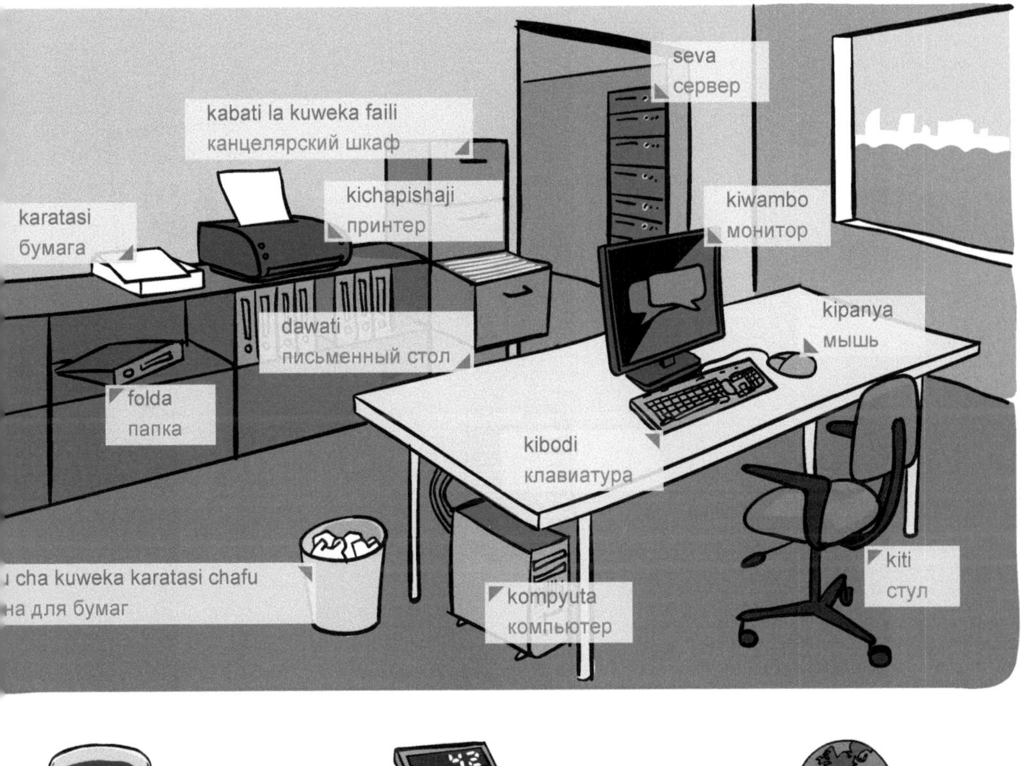

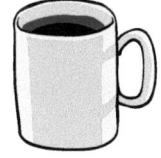

kmobe la kahawa

кофейная кружка

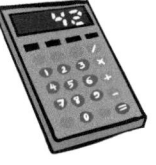

kikokotoo

калькулятор

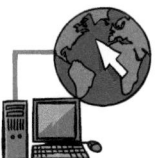

biashara

интернет

mbali

ноутбук

barua

письмо

ujumbe

сообщение

rununu

мобильный телефон

intaneti

сеть

fotokopia

ксерокс

programu

программа

simu

телефон

soketi

розетка

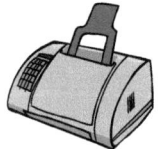

kipepesi

факс

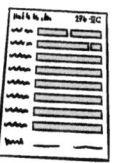

fomu

формуляр

hati

документ

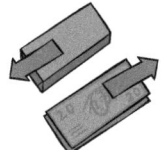

kununua

покупать

kulipa

платить

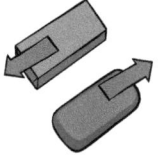

biashara

торговать

fedha

деньги

 **USD**

dola

доллар

 **EUR**

yuro

евро

JPY

yeni

иена

RUB

rouble

рубль

CHF

faranga ya Uswisi

франк

CNY

renminbi yuan

жэньминьби юань

INR

rupia

рупия

eneo la kulipia

банкомат

ofisi ya ubadilishanaji

пункт обмена валюты

dhahabu

золото

fedha

серебро

mafuta

нефть

nishati

энергия

bei

цена

mkataba

договор

kodi

налог

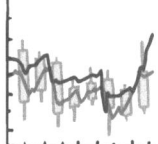

bidhaa

акция

kazi

работать

mfanyakazi

служащий

mwajiri

работодатель

kiwanda

фабрика

duka

магазин

kazi

профессии

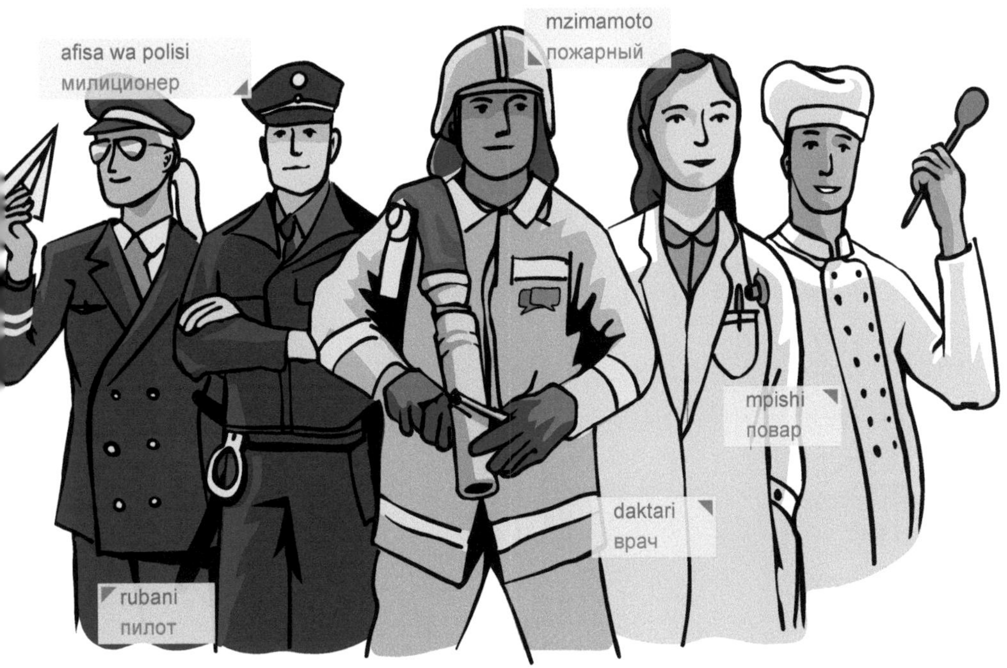
mzimamoto
пожарный
afisa wa polisi
милиционер
mpishi
повар
daktari
врач
rubani
пилот

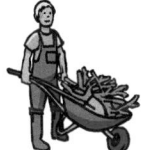

mtunza bustani

садовник

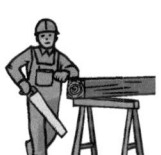

seremala

столяр

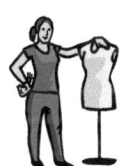

mshonaji

швея

hakimu

судья

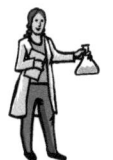

mwanakemia

химик

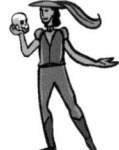

muigizaji

актёр

dereva wa basi

водитель автобуса

dereva wa teksi

таксист

mvuvi

рыбак

mwanamke wa kusafisha

уборщица

mwezekaji

кровельщик

mhudumu

официант

mwindaji

охотник

mchoraji

художник

mwokaji

пекарь

umeme

электрик

mjenzi

строитель

mhandisi

инженер

mchinjaji

мясник

fundi bomba

сантехник

mwanaposta

почтальон

kazi - профессии

mwanajeshi

солдат

msanifu majengo

архитектор

keshia

кассир

muuza maua

флорист

msusi

парикмахер

kondakta

кондуктор

mekanika

механик

nahodha

капитан

daktari wa meno

зубной врач

mwanasayansi

ученый

rabbi

раввин

imamu

имам

mtawa

монах

kasisi

священник

zana

инструменты

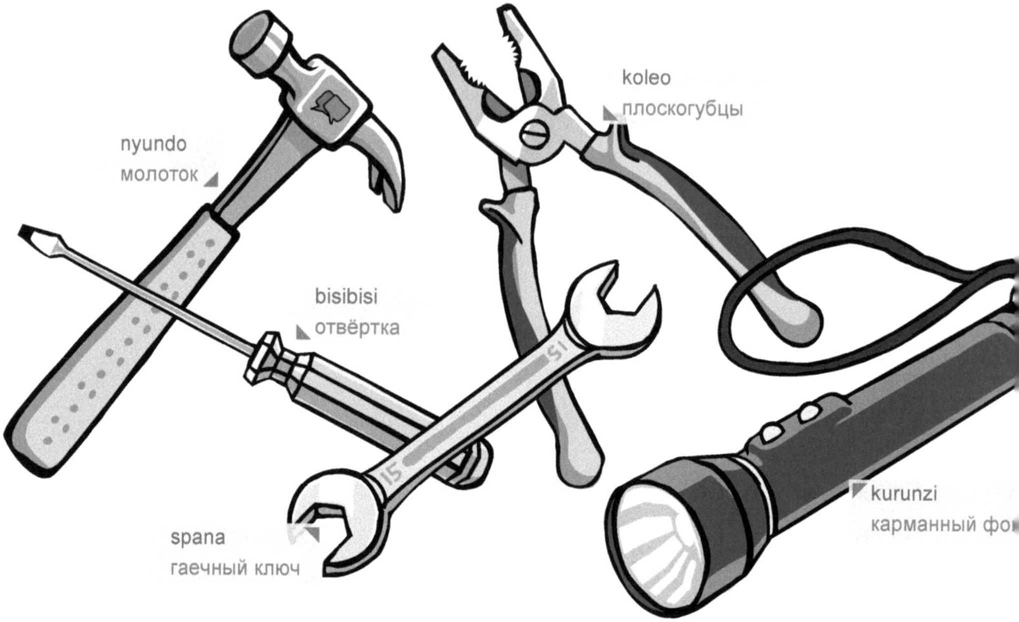
nyundo
молоток
koleo
плоскогубцы
bisibisi
отвёртка
spana
гаечный ключ
kurunzi
карманный фо

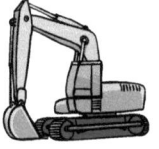

mchimbaji

экскаватор

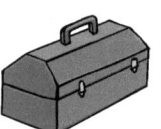

sanduku la vifaa

ящик для инструментов

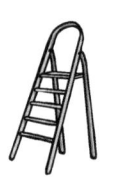

ngazi

стремянка

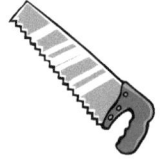

msumeno

пила

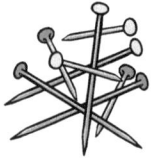

misumari

гвозди

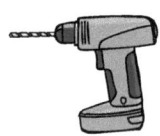

kuchimba visima

дрель

kukarabati

ремонтировать

sepetu

лопата

Lo!

Блин!

kishikio cha uchafu

совок

chungu cha rangi

ведро с краской

skurubu

винты

ala za muziki

музыкальные инструменты

mpangilio wa ngoma
ударный инструмент

spika
громкоговоритель

gita
гитара

besi mara mbili
контрабас

tarumbeta
труба

piano

пианино

fidla

скрипка

ubeji

бас-гитара

timpani

литавры

ngoma

барабан

kibodi

синтезатор

saksafoni

саксофон

filimbi

флейта

maikrofoni

микрофон

bustani ya wanyama

зоопарк

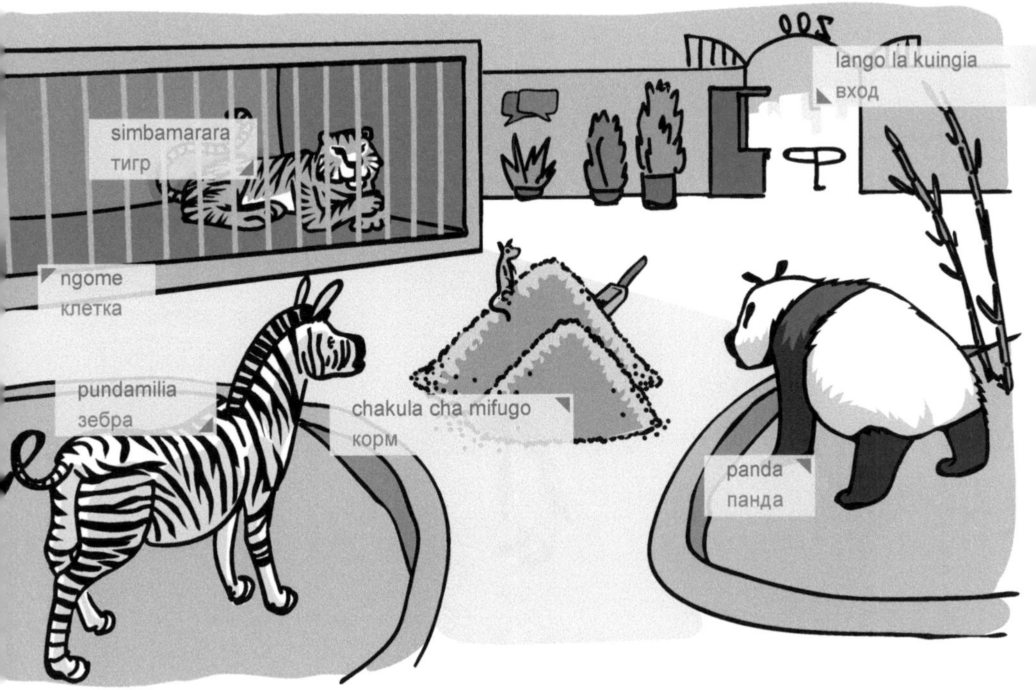
zoo
lango la kuingia
вход
simbamarara
тигр
ngome
клетка
pundamilia
зебра
chakula cha mifugo
корм
panda
панда

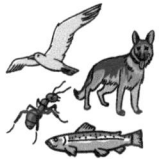

wanyama

животные

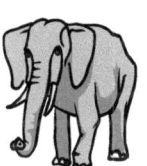

tembo

слон

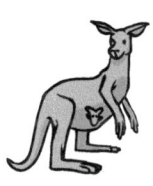

kangaruu

кенгуру

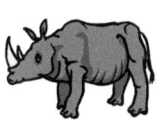

kifaru

носорог

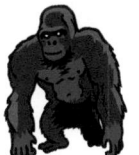

sokwe

горилла

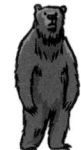

dubu

медведь

ngamia

верблюд

mbuni

страус

simba

лев

tumbili

обезьяна

heroe

фламинго

kasuku

попугай

dubu

белый медведь

penguini

пингвин

papa

акула

tausi

павлин

nyoka

змея

mamba

крокодил

mtunza wanyama

служитель зоопарка

muhuri

тюлень

jaguar

ягуар

mwanafarasi

пони

chui

леопард

kiboko

бегемот

twiga

жираф

tai

орёл

nguruwe mwitu

кабан

samaki

рыба

kobe

черепаха

sili

морж

mbweha

лиса

paa

газель

soka ya marekani
американский футбол

uendeshaji baiskeli
езда на велосипеде

tenisi
теннис

mpira wa kikapu
баскетбол

kuogelea
плавание

ndondi
бокс

magongo ya barafuni
хоккей

soka
футбол

vinyoya
бадминтон

riadha
лёгкая атлетика

mpira wa mikono
гандбол

skii
лыжный спорт

polo
поло

kuruka
прыгать

cheka
смеяться

kumbatia
обнимать

kutembea
идти

kuimba
петь

ota ndoto
мечтать

kuomba
молиться

busu
целовать

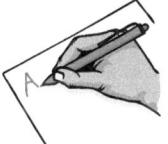

kuandika

писать

kuteka

рисовать

angalia

показывать

sukuma

нажимать

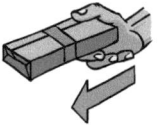

kutoa

давать

kuchukua

брать

kuwa

иметь

fanya

делать

kuwa

быть

kusimama

стоять

kukimbia

бежать

vuta

тянуть

kutupa

бросать

kuanguka

падать

hadaa

лежать

kusubiri

ждать

kubeba

носить

kukaa

сидеть

vaa nguo

надевать

usingizi

спать

kuamka

просыпаться

kuangalia

рассматривать

lia

плакать

kiharusi

гладить

chana nywele

причесывать

ongea

говорить

kuelewa

понимать

kuuliza

спрашивать

kusikiliza

слушать

kunywa

пить

kula

кушать

nadhifisha

наводить порядок

upendo

любить

mpishi

готовить

gari

ехать

kuruka

летать

meli

ходить под парусом

kokotoa

считать

kusoma

читать

kujifunza

учиться

kazi

работать

kuoa

вступать в брак

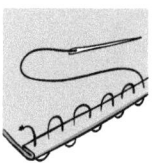

kushona

шить

piga mswaki

чистить зубы

kuua

убивать

moshi

курить

kutuma

отправлять

bibi
бабушка

babu
дедушка

baba
папа

mama
мама

mtoto
младенец

binti
дочь

bin
сын

mgeni

гость

shangazi

тетя

mjomba

дядя

kaka

брат

dada

сестра

mwili

тело

paji la uso
лоб
jicho
глаз
uso
лицо
kidevu
подбородок
matiti
грудь
kidole
палец
mkono
кисть
mkono
рука
bega
плечо
mguu
нога

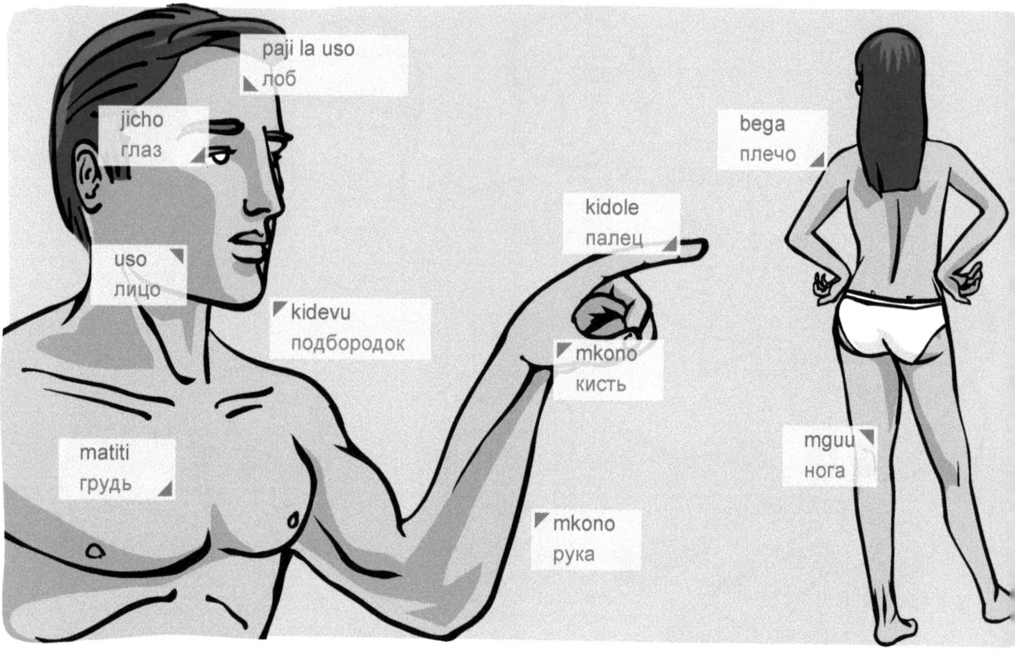

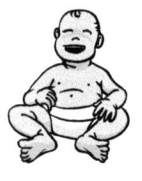

mtoto

младенец

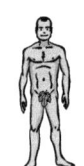

mwanamume

мужчина

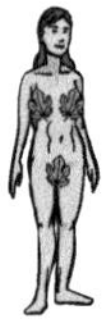

mwanamke

женщина

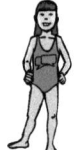

msichana

девочка

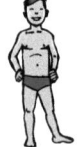

mvulana

мальчик

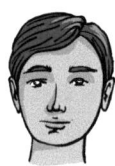

kichwa

голова

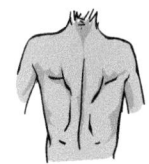

nyuma

спина

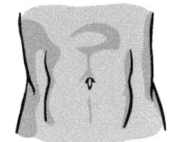

tumbo

живот

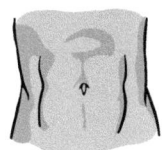

kitovu

пупок

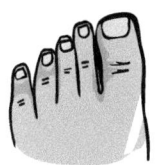

chano

палец ноги

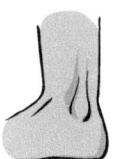

kisigino

пятка

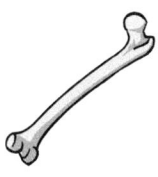

mfupa

кость

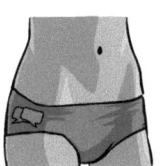

nyonga

бедро

goti

колено

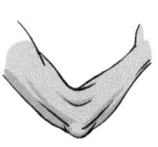

kiwiko

локоть

pua

нос

chini

ягодицы

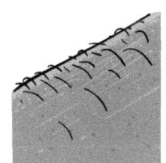

ngozi

кожа

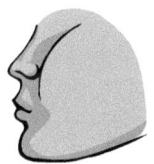

shavu

щека

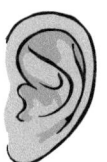

sikio

ухо

mdomo

губа

mwili - тело

kinywa

рот

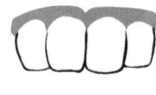

jino

зуб

ulimi

язык

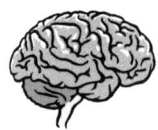

ubongo

мозг

moyo

сердце

misuli

мышца

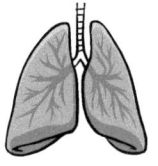

pafu

лёгкое

ini

печень

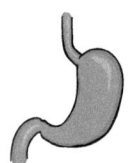

tumbo

желудок

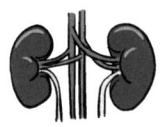

figo

почки

jinsia

половой акт

kondomu

презерватив

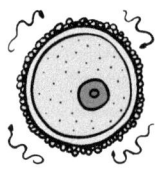

ovari

яйцеклетка

shahawa

сперма

mimba

беременность

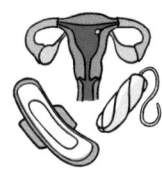

hedhi

менструация

uke

вагина

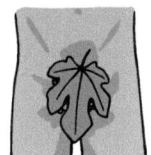

uume

пенис

unyusi

бровь

nywele

волосы

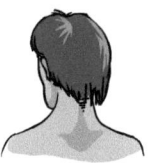

shingo

шея

hospitali
больница

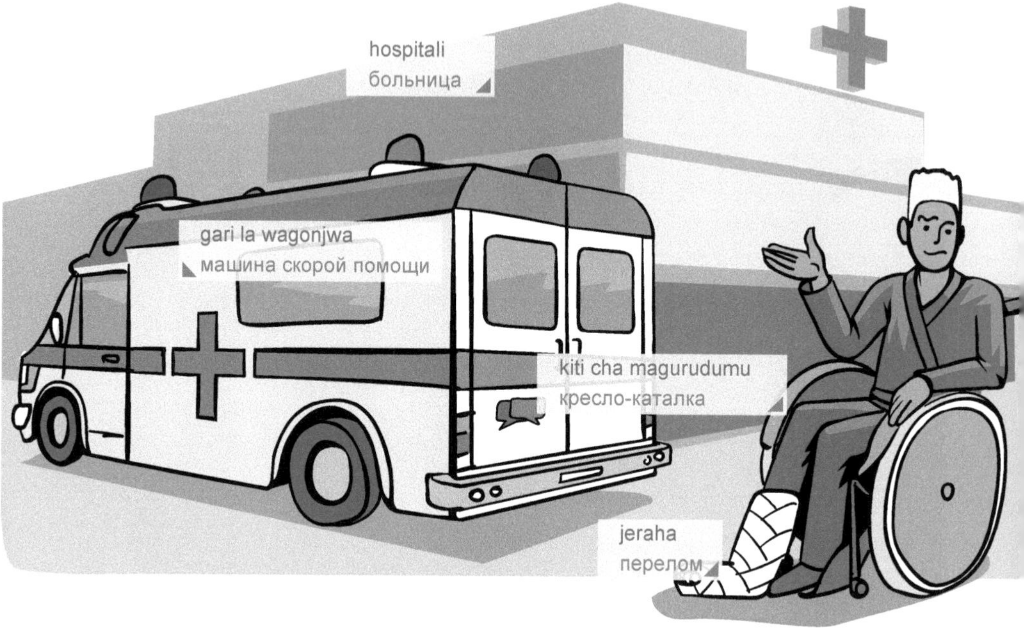

hospitali
больница
gari la wagonjwa
машина скорой помощи
kiti cha magurudumu
кресло-каталка
jeraha
перелом

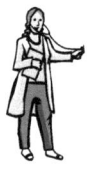

daktari

врач

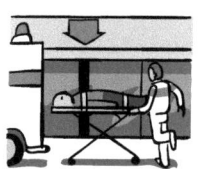

chumba cha dharura

пункт первой помощи

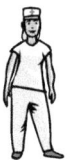

muuguzi

медсестра

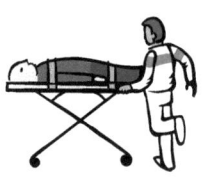

dharura

неотложный случай

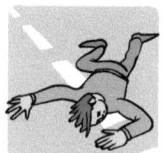

kupoteza fahamu

без сознания

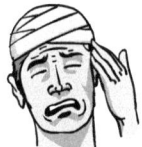

maumivu

боль

kuumia

повреждение

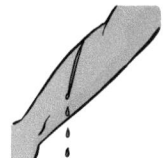

kutokwa na damu

кровотечение

mshtuko wa moyo

инфаркт

kiharusi

инсульт

mzio

аллергия

kikohozi

кашель

homa

овышенная температура

mafua

грипп

kuharisha

понос

maumivu ya kichwa

головная боль

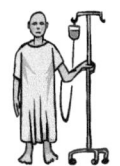

kansa

рак

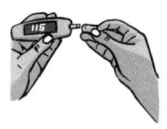

ugonjwa wa kisukari

диабет

daktari mpasuaji

хирург

kisu kidogo cha kupasulia

скальпель

operesheni

операция

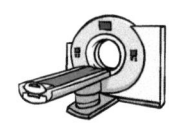

picha changanufu ya mwili

КТ

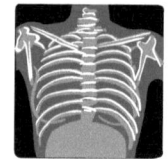

Eksrei

рентген

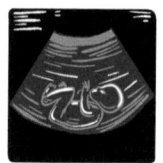

mawimbi sauti

ультразвук

barakoa ya uso

маска

ugonjwa

болезнь

chumba cha kusubiri

приёмная

mkongojo

костыль

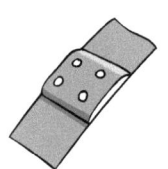

plasta

пластырь

bendeji

бинт

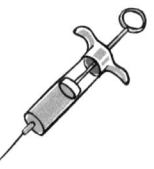

sindano

укол

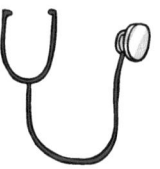

stetoskopu

стетоскоп

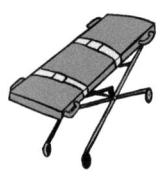

machela

носилки

kipimajoto cha kliniki

термометр

kuzaliwa

рождение

unene kupita kiasi

избыточный вес

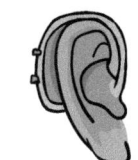

kusikia misaada

слуховой аппарат

kipukusi

дезинфекционное средство

maambukizi

инфекция

virusi

вирус

VVU / UKIMWI

ВИЧ / СПИД

dawa

лекарство

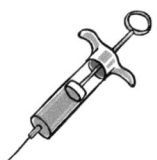

chanjo

прививка

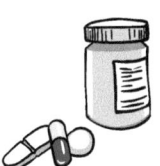

vidonge

таблетки

kidonge

противозачаточная таблетка

simu ya dharura

экстренный вызов

haemodainamometa

прибор для измерения кровяного давления

mgonjwa / mwenye afya

больной / здоровый

Msaada!

Помогите!

kengele

сигнал тревоги

pigo

нападение

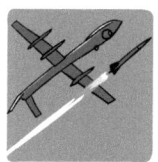

shambulizi

атака

hatari

опасность

lango la dharura

запасной выход

Moto!

Пожар!

kizima moto

огнетушитель

ajali

несчастный случай

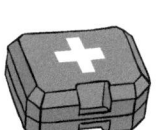

vifaa vya huduma ya kwanza

аптечка

wito wa msaada

SOS

polisi

милиция

Ulaya

Европа

Amerika ya Kaskazini

Северная Америка

Amerika ya Kusini

Южная Америка

Afrika

Африка

Asia

Азия

Australia

Австралия

Atlantiki

Атлантический океан

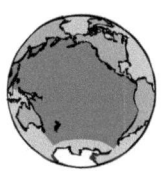

Pasifiki

Тихий океан

Bahari ya Hindi

Индийский океан

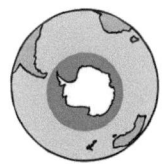

Bahari ya Antaktiki

Антарктический океан

Bahari ya Aktiki

Северный Ледовитый
океан

Ncha ya Kaskazini

Северный полюс

Ncha ya Kusini

Южный полюс

Antaktika

Антарктика

dunia

земля

nchi

суша

bahari

море

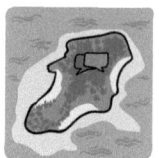

kisiwa

остров

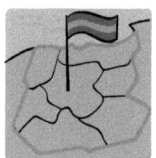

taifa

нация

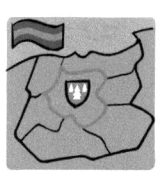

jimbo

государство

uso wa saa

циферблат

akrabu ya saa

часовая стрелка

akrabu ya dakika

минутная стрелка

akrabu ya sekunde

секундная стрелка

Ni saa ngapi?

Который час?

siku

день

wakati

время

sasa

сейчас

saa ya dijitali

электронные часы

dakika

минута

saa

час

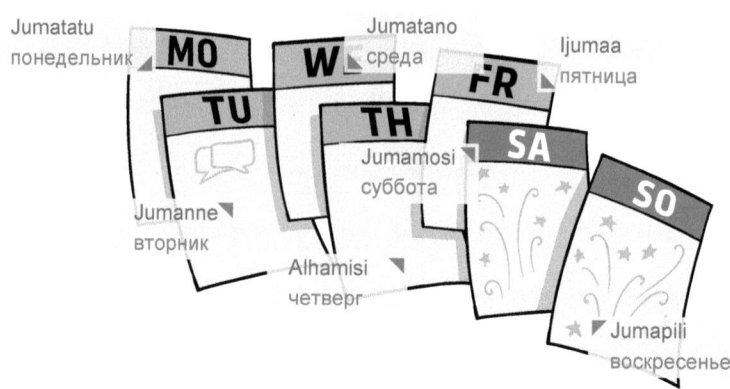

Jumatatu — понедельник
Jumatano — среда
Ijumaa — пятница
Jumanne — вторник
Jumamosi — суббота
Alhamisi — четверг
Jumapili — воскресенье

jana

вчера

leo

сегодня

kesho

завтра

asubuhi

утро

saa sita mchana

полдень

jioni

вечер

MO	TU	WE	TH	FR	SA	SU
1	2	3	4	5	6	7
8	9	10	11	12	13	14
15	16	17	18	19	20	21
22	23	24	25	26	27	28
29	30	31	1	2	3	4

siku za biashara

рабочие дни

MO	TU	WE	TH	FR	SA	SU
1	2	3	4	5	6	7
8	9	10	11	12	13	14
15	16	17	18	19	20	21
22	23	24	25	26	27	28
29	30	31	1	2	3	4

mwishoni mwa wiki

выходные

mwaka

год

mvua
дождь
upinde wa mvua
радуга
upepo
ветер
theluji
снег
majira ya machipuko
весна
vuli
осень
kiangazi
лето
majira ya baridi
зима

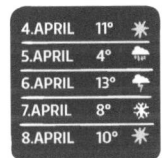

4.APRIL 11°
5.APRIL 4°
6.APRIL 13°
7.APRIL 8°
8.APRIL 10°

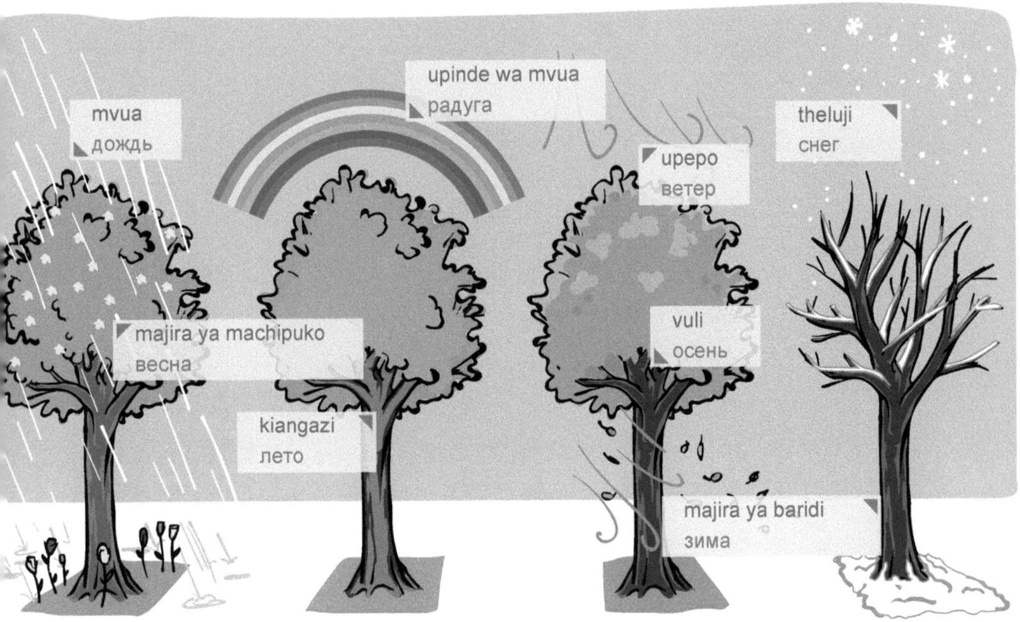

utabiri wa hali ya hewa

прогноз погоды

F C
120 40
90 30
60 20
30 10
0 0
-30 -10
-20

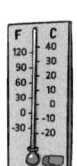

kipimajoto

термометр

mwanga wa jua

солнечный свет

wingu

туча

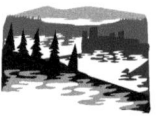

ukungu

туман

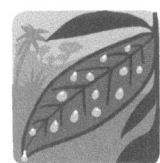

unyevu

влажность воздуха

umeme

молния

radi

гром

dhoruba

буря

mvua ya mawe

град

monsuni

муссон

mafuriko

наводнение

barafu

лёд

Januari

январь

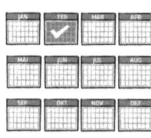

Februari

февраль

Machi

март

Aprili

апрель

Mei

май

Juni

июнь

Julai

июль

Agosti

август

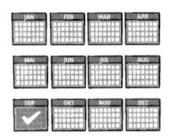

Septemba
....
сентябрь

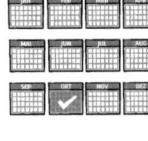

Oktoba
....
октябрь

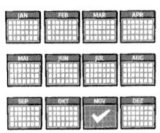

Novemba
....
ноябрь

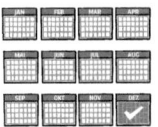

Desemba
....
декабрь

maumbo
формы

mduara
....
круг

mraba
....
квадрат

mstatili
....
прямоугольник

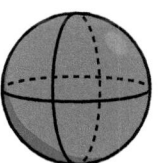

pembetatu
....
треугольник

nyanja
....
шар

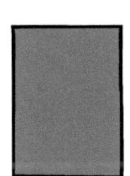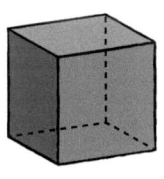

mchemraba
....
куб

nyeupe

белый

manjano

желтый

chungwa

оранжевый

rangi ya waridi

розовый

nyekundu

красный

hudhurungi

лиловый

bluu

синий

kijani

зелёный

hanja

коричневый

jivujivu

серый

nyeusi

черный

mengi / kidogo

много / мало

hasira / pole

яростный / мирный

nzuri / mbaya

красивый / уродливый

mwanzo / mwisho

начало / конец

kubwa / ndogo

большой / маленький

angavu / giza

светлый / темный

kaka / dada

брат / сестра

safi / chafu

чистый / грязный

kamilika / tokamilika

полный / неполный

siku / usiku

день / ночь

wafu / hai

мёртвый / живой

pana / nyembamba

широкий / узкий

kulika / kutolika

съедобный / несъедобный

ovu / ema

злой / дружелюбный

sisimkwa / udhika

взволнованный / скучающий

nene / nyembamba

толстый / худой

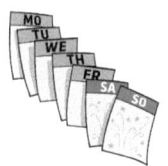

kwanza / mwisho

сначала / в конце

rafiki / adui

друг / враг

jaa / tupu

полный / пустой

ngumu / laini

твёрдый / мягкий

nzito / nyepesi

тяжёлый / легкий

njaa / kiu

голод / жажда

mgonjwa / mwenye afya

больной / здоровый

haramu / kisheria

незаконный / законный

akili / kijinga

умный / глупый

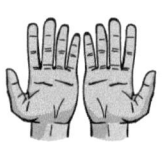

kushoto / kulia

слева / справа

karibu / mbali

близко / далеко

mpya / kutumika

новый / подержанный

kitu / jambo

ничто / нечто

zee / changa

старый / молодой

waka / zima

включено / выключено

wazi / fungwa

открыто / закрыто

utulivu / kelele

тихо / громко

tajiri / masikini

богатый / бедный

sahihi / kosa

правильный /
неправильный

mbaya / laini

шероховатый / гладкий

huzunika / furahia

печальный / счастливый

fupi /ndefu

короткий / длинный

polepole / haraka

медленный / быстрый

nyevu / kavu

мокрый / сухой

joto / baridi

тёплый / прохладный

vita / amani

война / мир

0

sufuri

ноль

1

moja

один

2

mbili

два

3

tatu

три

4

nne

четыре

5

tano

пять

6

sita

шесть

7

saba

семь

8

nane

восемь

9

tisa

девять

10

kumi

десять

11

kumi na moja

одиннадцать

12
kumi na mbili

двенадцать

13
kumi na tatu

тринадцать

14
kumi na nne

четырнадцать

15
kumi na tano

пятнадцать

16
kumi na sita

шестнадцать

17
kumi na saba

семнадцать

18
kumi na nane

восемнадцать

19
kumi na tisa

девятнадцать

20
ishirini

двадцать

100
mia

сто

1.000
elfu

тысяча

1.000.000
milioni

миллион

Kiingereza

английский

Kiingereza cha Marekani

американский английский

Kimandarini cha Uchina

мандаринский китайский

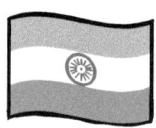

Kihindi

хинди

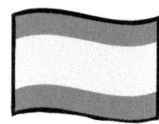

Kihispania

испанский

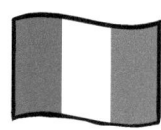

Kifaransa

французский

Kiarabu

арабский

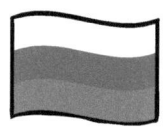

Kirusi

русский

Kireno

португальский

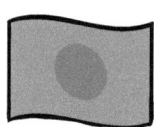

Kibengali

бенгальский

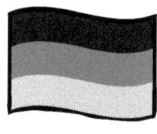

Kijerumani

немецкий

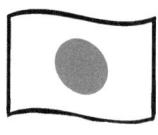

Kijapani

японский

mimi

я

wewe

ты

yeye / yeye / ni

он / она / оно

sisi

мы

wewe

вы

wao

они

nani?

кто?

nini?

что?

jinsi gani?

как?

wapi?

где?

lini?

когда?

jina

имя

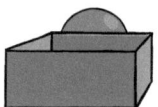

nyuma

за

katika

в

mbele ya

перед

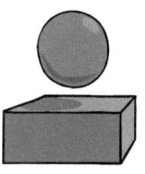

juu ya

над

kwenye

на

chini ya

под

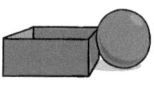

kando

рядом

kati

между

mahali

место